AF480754

পড়ন্ত সন্ধ্যা

মোঃ ইজাজ আহামেদ

Paranta Sandhya (Fall Evening)

A Collection of Bengali Poems

By Md Ejaj Ahamed

Published and printed by: Notion Press

Notion Press Media Pvt Ltd,

7, Red Cross Road,

Egmore, Chennai, Tamil Nadu 600008

Email ID: publish@notionpress.com

Phone Number: +914446315631

Made with on the Notion Press Platform

www.notionpress.com

প্রচ্ছদ: নোশন প্রেস

প্রথম প্রকাশ: ফেব্রুয়ারি, ২০২৩

গ্রন্থস্বত্ব: লেখক মোঃ ইজাজ আহামেদ

ISBN: 979-888986552-0

ISBN: 979-8894159218

পেপারব্যাক মুল্য ₹১৫০

হার্ডকভার মুল্য ₹৩০০

উৎসর্গ

আমার মেয়ে তাসনিয়া আহমেদ,
বন্ধু ড. আসলিম সেখ ও
ড. মোসারাফ হোসেনকে

ভূমিকা

এই কাব্যগ্রন্থে প্রকৃতির সৌন্দর্য, মানবতা ও শান্তির বার্তা, নৈতিকতা, মানব সভ্যতার বিনাশকারী বিশ্বে ঘটমান যুদ্ধ, শরণার্থীদের করুণ জীবন আলেখ্য, সমাজের বাস্তব চিত্র, করোনার আবির্ভাবে পৃথিবীব্যাপী পরিবর্তন ও করোনার দাপটে মানুষের গৃহবন্দী- অসহায়তার কথা অতি দক্ষতার সঙ্গে সুনিপুণভাবে আলোকপাত করা হয়েছে। পড়ন্ত সন্ধ্যার মতো বিশ্বটা অর্থাৎ মানবসমাজ আবছা আলোর দিকে, অন্ধকারময়তার দিকে ধাবিত হচ্ছে - সেই চিত্র এই কাব্যগ্রন্থের অনেক কবিতায় ফুটে উঠেছে। দুঃখ, আনন্দ এবং সমাজ তথা বিশ্বে চলতে থাকা দুঃখ -দুর্দশা, হিংসা, অসহিষ্ণুতা, সাম্প্রদায়িকতা, ভেদাভেদ, যুদ্ধ-বিগ্রহ, অন্যায় ইত্যাদি মানসিক ও সামাজিক ব্যাধিগুলি জহুরীর চোখে দেখে এবং সেগুলি থেকে উত্তরণের পথ দেখিয়ে বিশ্বসৌভ্রাতৃত্ব ও মানবতার জয় গান করা হয়েছে এই কবিতার বইটিতে। এই বইয়ে রয়েছে বিভিন্ন ধরনের কবিতা যেমন ইজাজীয় কবিতা, বিজ্ঞান কবিতা। এই বইটি কবিতা প্রেমীদের মননে দাগ কাটবে বলে আশা রাখি। যদি এই বইটি পাঠকদের মনে রেখাপাত করে, তবেই আমার এই কাব্যগ্রন্থ লেখার শ্রম স্বার্থক হয়েছে বলে মনে করবো।

ইতি

মোঃ ইজাজ আহামেদ

মহেন্দ্রপুর, অরঙ্গাবাদ,

মুর্শিদাবাদ, পশ্চিমবঙ্গ, ভারত

পিন - ৭৪২২০১

মোব: ৭৪০৭২২০৭৪১/৮১০১৭৪০৩৪৫

তারিখ - ২৪.০২. ২০২৩

সূচিপত্র

ইজাজীয় কবিতা (ইজাজ্যান কবিতা - Ejajan poem):পনেরো পংক্তির কবিতা। পাঁচ পংক্তির তিনটি স্তবক। মিলবিন্যাস-রীতি হল - ক খ ক খ ক, ক খ ক খ ক, ক খ ক খ ক। প্রথম আটটি কবিতা 'ইজাজ্যান' কবিতা।

সাহিত্যের পাড়া

আকাশের নীল মাঠে

খেলা করছে শুভ্র মেঘেরা

আমি বেড়িয়েছি অপরাহ্ণ ভ্রমণে

একা একা

ভাবনারা ডানা মেলে উড়ে আসছে আমার মনের দিগন্তে

মন বলল চলো উড়ে বেড়ায় তাদের সাথে

আমি বললাম আজ উড়তে চাই না

চলো হেঁটে বেড়াই সাহিত্যের পাড়াতে

অথবা

খেলি গগনের মেঘের মতো শব্দের সাথে

সে বলল ভ্রমণ করা যাক আজকে

শুরু করলাম হাঁটা

প্রথমে সাক্ষাৎ ঘটলো কবিতার সঙ্গে

তারপর দেখা করতে এলো গল্পরা

তাদের সাথে কথা বলে চললাম প্রবন্ধের বাড়িতে।

মূল্যবৃদ্ধি

লকডাউন সবাইকে বন্দী করে দিয়েছে
আয় পলায়ন করেছে কিছু মানুষ ছাড়া
তবু মূল্যবৃদ্ধি সিংহের মতো হুঙ্কার দিচ্ছে
সন্ত্রস্ত হয়ে পড়েছে গরিব ও মধ্যবিত্তরা
তাদের স্নায়ু দুর্বলতা অনুভব করছে

জিনিসপত্রের মূল্য ক্রমশঃ বেড়ে চলেছে
মাথায় আকাশ ভেঙে পড়তে দেখছে তারা
তবে অনলাইনে ধনীরা জোয়ারের মতো ফুলে ফেঁপে উঠছে
আর অসহায় হয়ে তাকিয়ে আছে দুর্বলরা
চোখের তারায় স্বপ্নরা আয়নার মতো চুরমার হয়ে নামছে

তাদের ভবিষৎ পথে পড়ে মার খাচ্ছে
আর রক্তাক্ত মন করছে কান্না
চোখে বর্ণান্ধতা হাঁটছে
নষ্ট হচ্ছে রক্ত কণিকা
এটাই তাদের পৃথিবী আর এই পৃথিবীর সঙ্গে থাকতে হচ্ছে

করোনাকালে বেসরকারি শিক্ষক

অদৃশ্য ভাইরাসের আবির্ভাব হয়েছে
নাম করোনা
সে দাপিয়ে বেড়াচ্ছে সারা পৃথিবী জুড়ে
প্রতিদিন বেড়ে চলেছে মৃত্যুমিছিলে মানুষের সংখ্যা
চিন্তার ভাঁজ পড়েছে সবার কপালে

লকডাউন প্রায় সারা পৃথিবী জুড়ে
মানুষের মনে রাজত্ব শুরু করলো ভয়েরা
সেই দাপট ভীত সন্ত্রস্ত সকলে
ধীরে ধীরে সচল হল যোগাযোগ বাণিজ্য ব্যাবসা
বেসরকারি শিক্ষক ডুবতেই থাকলো বেকারত্বের সাগরে

লকডাউনের বেকারত্ব জালে আটকে দিয়েছে তাদেরকে
উদ্ধার করতে কেউ এলো না সরকারও না
নিঃসঙ্গ রইলো দুঃখের দ্বীপে
তবে ২০২১-এ সেই নীল দ্বীপ থেকে মুক্ত হয়ে তারা
পৌঁছেছে সবুজ দ্বীপের প্রবেশ দ্বারে

ছদ্মবেশ

ছদ্মবেশী বন্ধুরা আপনার সঙ্গে সখ্যতা গড়ে তুলেছে
আপনার চারপাশে ঘুর ঘুর করছে মৌমাছির মতো
গিরগিটির মতো রঙও পাল্টাচ্ছে
ভাবছে আপনি পারছেন না বুঝতে অত
কেননা নীরব হয়ে আছেন গাছের মতো কিংবা বোবার মতো

আপনি থাকতে চাইছেন সরলভাবে
শিশুর মতো
কিংবা সহ্য করে চলেছেন সম্পর্ক চাইছেন না খারাপ করতে
তারা ভাবছে সেটা আপনার দুর্বলতা প্রকৃতপক্ষে তা তাসের ঘরের মতো
ভেঙে পড়তে পারে নিমেষে

চারিদিকে ছল চাতুরী ঘুরে বেড়াচ্ছে নির্বিঘ্নে
তাদের প্রভাব প্রাগৈতিহাসিক যুগের ডাইনোসরের মতো
তারা দাপিয়ে বেড়াচ্ছে মানুষের মনের পৃথিবীতে
ঝড়ের মতো
আমার বিশ্বাস সময়ের বিবর্তনে তারাও একদিন বিলুপ্ত হয়ে যাবে

আকাশে অজস্র প্রদীপ

আকাশে গাঢ় অন্ধকার নেমেছে,
তার গহ্বরে অজস্র নক্ষত্র
টিপ টিপ করে জ্বলছে
দূর থেকে দেখা কোনো বাড়ির প্রদীপের মতো,
আমি তাকিয়ে আছি তাদের দিকে।

আকাশ থেকে আলো হেঁটে আসছে
আমার চোখের তারায়,
ভেসে উঠছে
গ্রহ নক্ষত্রের কত মানচিত্র মনের আয়নায়,
যত দেখি ভাবনারা বিস্মিত হয় অবাক হয়ে!

ভাবনারা প্রশ্ন লিখে
মনের খাতায়-
এই নীল গ্রহ ব্যতিরেকে আর কোথাও কি প্রাণ আছে?
মহাকাশের শেষ সীমানা বা কোথায়?
কল্পনারা তখন সেই উত্তরের স্বপ্ন আঁকে মনের ক্যানভাসে।

আকাশে উৎসব

পড়ন্ত সন্ধ্যা
আকাশ পরেছে গোধূলির অবগুণ্ঠন
পুব আকাশে শ্বেত পোশাকে সেজেছে মেঘবালক-বালিকারা
যেন কোনো উৎসব মিলন
চাঁদও এসেছে মুখে এক পৃথিবী হাসি নিয়ে আর পথে আছে তারারা

গোধূলি বিদায় নিল
আকাশের সিঁড়ি বেয়ে নেমে আসতে লাগলো অন্ধকার
দিগন্তরেখা ক্রমশ ম্লান হয়ে গেল
কালো ছাতার মতো ঢেকে দিল রাত শরীর সবার
ক্লান্ত তারারা বিশ্রাম থেকে জেগে উঠল

দীর্ঘ পথ ভ্রমণ করে
ক্লান্ত হয়ে ঘুমিয়ে পড়েছিল নক্ষত্ররা
রজনী ঘনীভূত হতেই উঠলো জেগে হাসি খুশি মনে
চন্দ্র ঘুরে বেড়াচ্ছিল একা একা
তাদের পেয়ে আনন্দের জোয়ার উতলে উঠল তার মনে।

গাছের শিখরে চাঁদ বসে

গাছের শিখরে চাঁদ বসে হাসছে
আর তার হাসিতে প্লাবিত হচ্ছে গাঙ্গেয় উপত্যকা
পানির আরশিতে মুখ দেখছে সে
আমি রুপালি পথ বেয়ে হেঁটে যাচ্ছি দেখতে সেই রুপালি আয়না
ডাল-পালা ও পাতাগুলোর মাঝ দিয়ে আলো চুঁইয়ে পড়ছে

গঙ্গার তীরে নোঙর করার মতো বসে আছে
মোবাইলের স্ক্রিনে হাত-চোখ রেখে ছেলে-ছোকরারা
গ্রীষ্মের দিনের তীব্র দাবদাহ শেষ হতেই ভ্রমণ শুরু করেছে
মনোরম বাতাসেরা
তারা ব্যস্ত নেট পাড়ায় দৌড়াদৌড়ি করতে

কেউ দৌড়াচ্ছে সোশ্যাল মিডিয়ার পাড়ায়
কেউ দৌড়াচ্ছে গেমের পাড়ায় স্ক্রিনে আঁখি রেখে
প্রকৃতির সৌন্দর্যের প্রতি কারো ভ্রূক্ষেপ নাই
জ্যোৎস্নার প্লাবন তাদের পারেনি নাড়াতে
স্রোতস্বিনীর আরশি কলকল ধ্বনি আকর্ষণ করতে পারে নাই।

তারা হাঁটছে

আকাশে তারারা হাঁটছে
নীচে হাঁটছে শরণার্থীরা
এক পৃথিবী দুঃখ নিয়ে
একে অপরের দিকে তাকিয়ে আছে তারা
বিস্ময় ভরা নয়নে

মৃদুমন্দ বাতাসের হাত ধরে জ্যোৎস্না হাঁটছে
কাঁটাতারের বেড়ায় কিংবা জলসীমায় পা বাড়াচ্ছে শরণার্থীরা
এক টুকরো স্বপ্ন সাথে নিয়ে
একটু সুখী-জীবনের স্বাদ পেতে কিংবা
প্রাণহানির তাড়া থেকে বাঁচতে

সীমান্তরেখায় আটকে পড়ছে অনেকে
অনেকে আবার গুলিবিদ্ধ হচ্ছে কিংবা
সলিল-সমাধি জোর করে তাদের কাছে নিয়ে যাচ্ছে
সহস্র আলোকবর্ষ-পথ অতিক্রম করে তারা
পাড়ি দিচ্ছে অকালে না ফেরার দেশে

শরণার্থী

মাথায় স্বপ্নের বোঝা নিয়ে
শরণার্থীরা এগিয়ে যাচ্ছে,
ইতিহাস পিছনে দেখছে
আর তার স্মৃতিপটে ভেসে উঠছে
তাদের অসংখ্য অসহায় জীবনচিত্র,
তারা স্বপ্ন দেখেছিল নিজ দেশে
সুখের নীড় তৈরি করতে,
শান্তিতেও ছিল, ঝড়ের মতো হটাৎ করে যুদ্ধ এলো
আর অনেকের জীবন কেড়ে নিল,
অনেককে নিঃস্ব করে দিল,
অনেককে পথের ভিখারি বানিয়ে দিল,
তাদের ভবিষ্যতকে চোরের মতো পেটানো হল;
তাদের ইচ্ছা, আশা, স্বপ্ন কাঁচের মতো চুরমার হয়ে গেল
তবু একটু বাঁচার জন্য পিঁপড়ের মতো লাইন ধরে
কাঁটাতারের বেড়ার দিকে এগিয়ে চলেছে
আর মাটির বুকে দুর্বিষহ জীবন-ইতিহাস লিখে যাচ্ছে;
হোঁচট খেয়ে রাস্তায় পড়ে গেলে, দাঁড়াতে হয় উঠে;
রক্তাক্ত জীবন নিয়ে তারা সেটাই করার চেষ্টা করছে;
কাঁটাতারে, জলসীমায় মার খেতে হচ্ছে
যেন এই নীল গ্রহে তাদের কোনো ঠাঁই নেই,
যেন তাদের কোনো দেশ নেই।

প্রতিশ্রুতির ফুলঝুরি

এই আধুনিকোত্তর প্রযুক্তির যুগে
কথারা প্রতিশ্রুতি রাখতে পারে না,
তারা শুধু বার্তা দিতে পারে;
আপনাকে ক্রমশ জাদুতে বিমোহিত করছে তারা;
আপনি তাদের ধ্বনির মিষ্টি সুরে বিশ্বস্ত হয়ে
বর্ষার জেলে বন্দি হয়ে গেছেন আর দুঃখরা
ভিড় করছে মনের আঙিনায় এসে;
আদিগন্তে প্লাবনের জল, আপনি একা,
প্লাবিত অসহায় মানুষদের মতো দুই নয়ন থেকে
নামছে নোনা বৃষ্টিধারা।
তাদের প্রতিশ্রুতির ফুলঝুরিতে আপনিও কাউকে
দিয়েছিলেন কথা, পারলেন জানতে এ মরীচিকা,
মিথ্যা ফানুস, আপনার সুনাম ধর্ষিত লাগলো হতে;
চিরদিন পঙ্গু হয়ে রইলো প্রতারকের জন্য তা;
অহরহ মার খেতে লাগলো পথে।

যুদ্ধ যুদ্ধ খেলা/ফিউশন

যুদ্ধরা দাপিয়ে বেড়াচ্ছে সারা বিশ্ব জুড়ে
কখনও ঠান্ডা লড়াইয়ের ছদ্মবেশ ধরে
কখনও বা আক্রমণাত্মক রূপ ধরে
যুদ্ধাস্ত্র রাজত্ব করছে সারা পৃথিবী জুড়ে
সিংহের মতো তারা দিচ্ছে হুঙ্কার
ছোট ছোট অস্ত্র থেকে শুরু করে
মিসাইল পরমাণু বোমা হাইড্রোজেন বোমার
আরো কত কিছুর-
আকাশে বাতাসে বিরাজিত বারুদের ঘ্রাণ
তারা সর্বত্রই শাখা প্রশাখা বিস্তার করেছে-
গ্রামে শহরে দেশে দেশে এমনকি মহাকাশে
তাদের রেডিয়েশন মানুষের মনে মনে ছড়িয়ে পড়ছে
অনুরণন হচ্ছে পুঁজিবাদের দামামা
প্রায় সর্বত্রই যুদ্ধ যুদ্ধ খেলা আর অস্ত্রের প্রতিযোগিতা
শান্তিরা কোণঠাসা হয়ে পড়েছে যেন
আমার বিশ্বাস শান্তিরা শীঘ্রই কোষ বিভাজন করে
শক্তিশালী হয়ে উঠবে
আমার বিশ্বাস শান্তিরা শীঘ্রই নিউক্লিয় ফিউশন করে
শক্তিশালী হয়ে উঠবে।

পৃথিবীটা কতই না সুন্দর হতো

আকাশে পথ হেঁটে চলেছে
দিগন্তরেখায় পাড়ি দিচ্ছে মেঘবালক-বালিকারা
সীমান্তরেখা পেরিয়ে নির্বিঘ্নে হাসিমুখে
উদাস হয়ে বসে থাকা সীমান্তরেখা
কৌতূহল চোখে তাকিয়ে দেখছে
অবাক হয়ে তাকিয়ে দেখছে পাখিদেরকেও
তারাও ডানা মেলে এক দেশ থেকে আরেক দেশে
যাচ্ছে চলে অনায়াসে নিজ মনে
আমি দাঁড়িয়ে বর্ডারে
দুই পাড়ে দাঁড়িয়ে অনেকে
কাঁটাতারের বেড়া আকাশ থেকে চোখ নামিয়ে
পলক ফেলল আমাদের দিকে
তখন স্মৃতিরা ভিড় জমাচ্ছিল আমাদের মনের গহীনে
আর মনের ক্যানভাসে ছবি আঁকছিল
বেড়াহীন পৃথিবীর মিষ্টি স্মৃতির
অবাধ যাতায়াতরা দৌড় দিচ্ছিল
তারবেড়ার চোখ-মুখে
এক আকাশ বিষণ্নতার মেঘ নেমেছিল
আমি আর সে ঠোঁটের কোণে এক বুক দুঃখ নিয়ে
চেয়েছিলাম একে অপরের দিকে
ভাবছিলাম যদি এই বেড়াগুলো না থাকতো
কতই না ভালো হতো
পৃথিবীটা কতই না সুন্দর হতো।

প্রতারণা

প্রতারণার দুর্গন্ধে সমাজটা বিষাক্ত হয়ে গিয়েছে
সততার হিমোগ্লোবিন ক্রমশ নষ্ট হয়ে যাচ্ছে
লোক ঠকানো যেন অভ্যাসে পরিণত হয়েছে
যেন কোনো অপরাধ নয়
অনেকে আবার ভালো মানুষের মুখোশ পরে
এই মুখোশটা খুব জটিল জিনিস
সহজেই বোঝা ওঠা খুব দায়
উপলব্ধি করতে অনেক সময় লেগে যায়
ততদিনে প্রতারণা আপনাকে শিকার করে নিয়েছে
আর আপনার হৃদয়ের আকাশে
দুঃখ, অসহায় ও দুশ্চিন্তার পাখিরা ডানা মেলে উড়ে বেড়াচ্ছে
অ্যাড্রিনালিন হরমোনও শরীরে দ্রুত দৌড়াদৌড়ি শুরু করে দিয়েছে
এই মুখোশধারীদের জন্য সবার প্রতি বিশ্বাস ক্ষীণ হয়ে আসছে
যখন বিশ্বস্ত কেউ প্রতারণার জেসিবি দিয়ে
শক্তিশালী বিশ্বাসের দেওয়ালকে দেয় ভেঙে
মনে হয় সুবিশাল আকাশটা ভেঙে পড়ে হৃদয়ে
প্রতারণার দুর্গন্ধে সমাজটা বিষাক্ত হয়ে গিয়েছে
সততার হিমোগ্লোবিন ক্রমশ নষ্ট হয়ে যাচ্ছে
হিমোগ্লোবিন হিমোসায়ানিনে পরিণত হচ্ছে
আমার বিশ্বাস মুখোশ একদিন খুলে যাবে
আমার বিশ্বাস মুখোশ একদিন খুলে যাবে।

দুঃস্বপ্ন

স্বপ্নকে বুকে জড়িয়ে দিনরাত পরিশ্রম করছিল গরিবেরা
হঠাৎ করে হানা দিল করোনা
সবাই বন্দি হলো কারাগারে
কাজ পলায়ন করলো তাদের কাছ থেকে
তাদের স্বপ্ন ঢুকরে ঢুকরে কাঁদতে লাগলো
কিন্তু ধনীদের অর্থ বর্ষার নদীর ঢেউয়ের মতো
উপচে পড়লো
দৈনন্দিন জিনিসপত্রের মূল্য বন্যার প্রবাহধারার মতো
ছুটতে লাগলো
অসহায়রা ডুবতে শুরু করলো
সে তাদের সম্পদের ভিটেমাটি নদীর ন্যায় ক্রমশঃ
গ্রাস করতে শুরু করলো
স্বপ্নকে তাদের কাছ থেকে ছিনিয়ে নেওয়া হলো
তাদের সঙ্গে তাকে থাকতে নেই যেন
তাদের ভবিষ্যৎকে বেধড়ক পেটানো হলো
তাদের রক্তাক্ত ভবিষ্যৎ পঙ্গু হলো
রক্তসঞ্চন হলো ব্যাহত
নিউরোন নিষ্ক্রিয় হয়ে পড়লো
হৃদয়ের নীল আকাশে ডানা মেলতে লাগলো দুঃপাখিরা
আর চোখের তারায় সুখেরা শান্তিরা উল্কার মতো
খসে পড়তে লাগলো
এটাই তাদের জীবনের নিউক্লিয়াস
এটাই তাদের ভুবন

সঙ্গীত

অলস দুপুর
উদাসী রাস্তা
আমি চলেছি সাইকেলে একলা
আষাঢ়ের মেঘ ছাতার মতো মাথার উপরে
তারা বাদ্যযন্ত্র বাজাচ্ছে
কখনও ড্রাম কখনও তাবলা
বৃষ্টি নামতে শুরু করেছে
পথে নেমে বাজাচ্ছে যেন গিটার আর ভায়োলিন
অলস দুপুর আর উদাস হয়ে বসে থাকা রাস্তা
প্রাণবন্ত হয়ে মেতেছে টাপুর টুপুরে
চলমান সাইকেলের চাকাও দিয়েছে বাজনা
যেন পিয়ানো বাজাচ্ছে
আর হাওয়া যেন ফুঁ দিচ্ছে বাঁশিতে
পাখিরাও দিচ্ছে মিষ্টি সুর
আদিগন্তে খুশির জোয়ার এসেছে প্রকৃতি আনন্দে মেতে উঠেছে
নেচে উঠেছে আমার মন
মন খারাপ করে বসে থাকা নিস্তব্ধ দুপুর
আনন্দ ফিরে পেয়েছে
রেকর্ড করতে আমি বের করিনি স্মার্টফোন
কারণ ছাড়তে চাইনি এক মুহূর্ত
বৃষ্টি আর স্নিগ্ধ বাতাস সকলকে আদর করে যাচ্ছে
এই বৃষ্টির আদর মেখে বৃষ্টি স্নাত হয়ে
এই আনন্দমুখরিত সংগীত আর দৃশ্য
স্মৃতির মণিকোঠায় নিয়ে চললাম আমি বয়ে চিরকালের জন্য।

দৃষ্টিভঙ্গি

পৃথিবীটাকে আমরা নিজস্ব দৃষ্টিভঙ্গি দিয়ে ভাবি

নিজস্ব জগৎ তৈরি করি

আর ভাবি সেটাই সঠিক ও কোহিনুরের মতো মূল্যবান-দামি

অথচ সব কিছু বৈচিত্র্যময়

বিশ্বব্রহ্মাণ্ড থেকে শুরু করে মন-হৃদয়

পরিস্থিতি অবস্থা সবার আলাদা আলাদা

অনেকে আবার কাল্পনিক জগৎ তৈরি করে

আদর্শ ভেবে সকলের উপর চাপিয়ে দিতে চায়

তখনই সমস্যা দ্বন্দ্বরা ডানা মেলে উড়ে বেড়ায়

তারা শান্তিকে পথে আটকে রাজত্ব করতে শুরু করে

অবরুদ্ধ করে দেয় অন্যের মতামতকে

লোলুপ দৃষ্টি

লোলুপ দৃষ্টিরা উঁকি মারে দেশে দেশে,
না সব দেশে নয়, তৃতীয় বিশ্বে,
তারপর শকুনের মতো
কিংবা জোঁকের মতো
নিজেদের পুষ্টি জোগায়।
এই অভিপ্রায়
বাড়িয়ে দিয়েছে অস্ত্রের প্রতিযোগিতা,
এই অভিপ্রায়
প্রথম বিশ্বকে চাপ দিয়েছে উপনিবেশ গঠন করতে
আর ঔপনিবেশিক শাসনের রোলারে পিষে
মার খেয়েছে অধিবাসীরা;
এখনও অব্যাহত রয়েছে কিছু দেশে।
স্নায়ু যুদ্ধ শেষে পরমাণু আর এখন চলছে
মিশাইল ও ড্রোনের প্রতিযোগিতা;
প্রথম বিশ্ব ও দ্বিতীয় বিশ্বের রেষারেষি;
পৃথিবীটা যেন হয়ে উঠছে অস্ত্রের কারখানা
আর মধ্যপ্রাচ্য অস্ত্র পরীক্ষার ল্যাবরেটরি।

পিছিয়ে পড়েছি

অতিমারিতে ভুগছে নীল গ্রহ,
হয়েছে লকডাউন,
ভ্যাকসিন এসেছে,
লকডাউনও খুলেছে;
শুধু খোলেনি বিশ্ববিদ্যালয়, কলেজ, স্কুল;
অবশ্য অনলাইন ক্লাসের ওষুধ দিয়ে
তার ব্যাধি সারানোর চেষ্টা চলছে,
তাতে কি মানব সম্পদ তৈরির রোগ দূর হবে?
মানব সম্পদের ক্লোরোফিল সংশ্লেষিত হচ্ছে না,
পাতার মতো হলুদ হয়ে যাচ্ছে,
হয়তো একদিন চলে যাবে করোনা
বা থাকবে বসন্তের মতো হয়ে,
বাজার সচল হবে
কিন্তু দক্ষ কারিগর কি থাকবে?
হয়তো সেই ক্ষত সারাতে মাইটোসিস বিভাজন চলবে,
আমরা অতীতে ভ্রমণ করবো ভ্রমণ যাত্রার যানে চড়ে,
পিছিয়ে পড়ার সেই যাত্রাপথ অতিক্রম করে
উন্নতির পথে আসতে
অনেক সময় লেগে যাবে,
অনেক সময় লেগে যাবে।

আলাদা

উত্তরের বাতাস নৃত্য করছে গাছে গাছে
আর শীতল আদর করে যাচ্ছে অজস্র প্রাণকে;
মানুষ পরছে পেঁয়াজের মতো পোশাকের উপর পোশাক
তবু শীতল পরশ কাঁপিয়ে যাচ্ছে সর্বশ্রেষ্ঠ জীবকে
কিন্তু নগ্ন শরীরে দিব্যি ঘুরে বেড়াচ্ছে মুক্ত পরিবেশে অন্যান্যরা;
এই পরিবেশ, এই আবহাওয়া,
এই জলবায়ু, এই পৃথিবী যেন তাদেরই;
সমস্ত ঋতু বিদ্যমান তাদের ডিএনএতে;
মনে হয় তারাই এই নীল গ্রহের নিজস্ব সন্তান;
আমরা সৎ সন্তান, অন্য গ্রহ থেকে আসা প্রাণ;
কুরআন ও বাইবেলে উল্লেখ আছে
আদম ও হাওয়া স্বর্গ থেকে এসেছে এই পৃথিবীতে।

দুই মেরু

শীত এসেছে, উত্তরে হাওয়া দাপিয়ে বেড়াচ্ছে,
রুপালি কুয়াশার চাদর গায়ে জড়িয়েছে প্রকৃতি,
দুর্বাঘাসে শিশির ফোঁটা হীরের মতো ছড়াচ্ছে দ্যুতি;
সোনালী সাজে সূর্য ঘর থেকে বেরিয়ে
আবির্ভূত হয়েছে পুব দিগন্তে
আর সোনা ঝরা রোদ্দুর ঢেউ খেলে যাচ্ছে
আদর মাখিয়ে সকলকে;
ধনীরা দামি দামি পোশাক পরছে,
করছে চড়ুইভাতি, যাচ্ছে ভ্রমণে;
থাকছে উষ্ণ বিলাসবহুল বাড়িতে;
মাঝে মাঝে সূর্য মন খারাপ করে
উদাস হয়ে বসে থাকছে ঘরে;
দিনটি ধূসর ভোরের মতো হয়ে থাকছে;
গরিবদের গায়ে ছেঁড়া পোশাক, জীর্ণ পোশাক
কিংবা থাকলেও ঠান্ডাকে প্রতিরোধ করার মতো নয়,
বাসস্থান কুটির ঘর কিংবা ফুটপাথ
তবু এইভাবেই তাদেরকে জীবন সংগ্রাম চালিয়ে যেতে হয়,
দারিদ্রতাকে পিঠে চড়িয়ে, মাথায় স্বপ্নকে বসিয়ে এগিয়ে যায় দূর সীমানায়।

অধরা স্বপ্ন

স্বপ্নের মাঝে স্বপ্ন আসে
তবু স্বপ্ন অধরা থেকে যায়;
আবার স্বপ্ন দেখি
তবু বেকারত্ব ছেড়ে যেতে চাই না,
লতাপাতার মতো জড়িয়ে ধরে;
হতাশারা, বিষণ্নতারা কালো কাপড় দিয়ে
চোখ মুখ ঢেকে দুঃখের কোনো অজানা অরণ্যে
নিয়ে গিয়ে দুর্দশার গাছের সঙ্গে বেঁধে রাখে
তখন অ্যাড্রিনালিন হরমোন দ্রুত ছুটতে শুরু করে,
আশারাও দ্রুত ছুটে আসে মনে আলোর গতিতে
আর চোখের তারায় স্বপ্ন নেমে আসে
কয়েক আলোকবর্ষ পথ অতিক্রম করে;
মনের নিউক্লিয়াসের চতুর্দিকে
তারা ইলেকট্রন ও প্রোটন হয়ে প্রদক্ষিণ করে;
প্রাণপণ চেষ্টা করি বাঁধন থেকে মুক্ত হতে
আর ভাবি কষ্টের সঙ্গে সহবাস করে
অভিযোজন করতে হবে এই পার্থিব জীবনে।

দুশ্চিন্তাময় রাত

ভাবনার মাঝে ভাবনা উঁকি দিচ্ছে,
ঘুমেরা পলায়ন করছে অজানা পথে
যেন চোর পুলিশের খেলা;
ব্যর্থ জীবনের সহস্র আলোকবর্ষ পথ অতিক্রম করে
ভিড় জমাচ্ছে দুঃস্বপ্নেরা মনের ঘরে,
রাত গহীন অন্ধকারের দিকে বাড়াচ্ছে পা
তবু নিদ্রারা আসছে না;
আকাঙ্খারা সফলতার স্বপ্ন দেখাচ্ছে বজ্রবিদ্যুৎ-এর মতো;
ভোর জানালায় উঁকি দিতে শুরু করেছে
আর জোনাক শুরু করেছে নৃত্য;
বেকারত্ব ও ব্যর্থতার দুশ্চিন্তায় কাটে কত রাত আজকের মতো!

শীতের হলুদ শহরে তুমি আর আমি

শীতের হিমেল হাওয়া গুন গুন করে

গান করতে করতে হেঁটে যাচ্ছে;

সকলে গভীর মনোযোগ দিয়ে শুনছে,

সোনা ঝরা রোদ্দুর উষ্ণ আদর করে যাচ্ছে;

পুলকিত হচ্ছে সকলে;

সরষে ফুলেরা বসন্ত উৎসবে

সজ্জিত রমণীদের মতো হলুদ পোশাক পরে নৃত্য করছে,

যেন কোনো উৎসব;

পুলকিত হচ্ছিল আমার মন;

খুব মিস করছিলাম প্রিয়তমা, তোমাকে;

তুমি যদি এখন থাকতে আমার সাথে

কতই না আনন্দের প্রবাহধারা বয়ে যেত মনের সমভূমিতে?

হারিয়ে যেতাম এই সরষে ফুলের নগরীতে;

হাতে হাত রেখে হেঁটে যেতাম ফুলের স্পর্শ ও গন্ধ মেখে;

তোমার বিন্যস্ত রেশমী কেশে

গুঁজে দিতাম শীতের হাসি সরষে পুষ্পকে

আর তোমার পরনে থাকতো হলুদ রঙের ব্লাউজ-শাড়ি;

কানে কাঁচা সোনার ঝুমকা দুল, গলায় হার, হাতে চুড়ি;

প্রজাপতিরা আসতো আমাদের স্বাগত জানাতে

আর ফটো তুলতাম দুইজনে স্মার্টফোনে;

তারপর সোশ্যাল মিডিয়ায় আপলোডে যেতাম মেতে

আর আপলোড করা মাত্রই লাইক- কমেন্টের বন্যায় যেতাম ভেসে।

বসন্তের এক অপরাহ্নে

বসন্তের এক অপরাহ্নে
বাড়ির ছাদে বসে
লিখছিলাম এক কবিতা;
হটাৎ কানে ভেসে এলো কোকিলের কুহু কুহু ডাক;
কোকিলের ডাক শুনে মনে পড়লো তোমার কথা;
তুমি শুনিয়েছিলে আমাকে মিষ্টি গান;
কী সুন্দরই না ছিল তোমার গলা!
মনে হয় তোমার চেয়ে বসন্তের কোনো কোকিলও
এত সুন্দর সুরালো গান গায়নি কখনও।
বাতাসে ভেসে আসছিল ফুলের সুগন্ধ;
কিন্তু তোমার শরীরের সুগন্ধ বসন্তের চেয়েও মধুর ছিল।
এই যে বসন্তে গাছে গাছে পুষ্প,
নির্মল আকাশে আনন্দে পাখিরা ডানা মেলে করে নৃত্য;
প্রকৃতি যেন উৎসবে মেতে উঠে নতুন সাজে;
কিন্তু তুমি যখন সাজতে
সবুজ, লাল, গোলাপি শাড়িতে,
কপালে নীল টিপ পরে,
দিতে চুলে পুষ্প,
মনে হয় বসন্তের সৌন্দর্যও তোমার কাছে ম্লান হয়ে যেত।

নাই থাক তোমার সম্পদ

নাই থাক তোমার সম্পদ,
নাই হোক সুখের পৃথিবীটা তোমার,
তুমিই নিজেই অনেক মূল্যবান;
ভাবো চোখের দাম কত!
রক্তের দাম কত!
কিডনির দাম কত!
ভাবো প্রতিটি অঙ্গের দাম কত!
মৃত্যু না হওয়া পর্যন্ত জীবনটা শেষ হয়ে যায় না;
একটি দরজা বন্ধ হয়ে গেলে
অনেক দরজা খুলে যায়;
পরম দয়াময় সৃষ্টিকর্তা মনের ক্যানভাসে
সেই পথগুলো এঁকে দেন তাঁর দয়ার তুলি দিয়ে;
যেমন ধরো নিঃস্ব হয়ে গেছ,
পঙ্গুও হয়ে গেছ,
ভাবছো সব কিছু শেষ হয়ে গেছে,
বেঁচে থেকে লাভ কি?
তাকাও হজরত মহম্মদ (সঃ)-এর দিকে,
স্টিফেন হকিন্সের দিকে,
মাসুদুর রহমান বৈদ্যের দিকে
রবিনসন ক্রুসোর দিকে-
এরকম অনেককে দেখতে পাবে।
মৃত্যু না হওয়া পর্যন্ত জীবনটা সহজেই শেষ হয়ে যায় না।

মেঘের মাঝে ক্ষীণ আলো

যখন বিশ্রাম করি, মনের ঘরে
আকাঙ্খারা আসে,
স্বপ্নেরাও আসে
দ্বারে করাঘাত করতে।
যেই দরজা খুলি, যায় চলে
বাইরে শূন্যতা রেখে।
বিরাজ করে নীল বৃত্ত চারিদিকে।
ব্যর্থতার গ্লানিরা, ব্যর্থতার স্মৃতিরা
এক আকাশ মেঘ নিয়ে আসে,
ডানা মেলে উড়ে আশাহীনতার মেঘেরা,
গগনে দুঃখের ঘন্টা ধ্বনি বাজে
তবে দড়ির মতো হয়ে ইচ্ছার আলো নেমে আসে
স্বপ্ন দেখায় ফিনিক্স পাখির মতো নতুনভাবে
জীবন শুরু করতে।

মহাকাশে চিতাভস্ম

মহাকাশে চিতাভস্মের পৃথিবী উড়ছে,
সে পুড়ে গেছে
সাম্প্রদায়িকতা, অমানবিকতা ও কৃত্রিমতার আগুনে,
প্রভাব বিস্তারের, ক্ষমতা জাহিরের রেষারেষিতে;
তারা দূষণ ছড়িয়েছে, তেজস্ক্রিয়তা ছড়িয়েছে;
শান্তির দূতেরা জল ঢালছে,
ঢালছে তরল কার্বন ডাই অক্সাইড, ফিনিক্স হবে।
আবার ধরণী বাবুই পাখির মতো বাসা বানাবে।

ফিকে সম্প্রীতি

নীল গ্রহের বয়স হয়েছে,
তার জলুস কমেছে,
তার অধিবাসীদের সম্প্রীতিও ফিকে হয়েছে,
সাম্প্রদায়িকতা দেখে সে ক্লান্ত হয়ে পড়েছে;
বিভিন্ন সম্প্রদায়, বিভিন্ন রঙ, বিভিন্ন সংস্কৃতি-
এসব তো একে অপরকে চেনার জন্য
অথচ মানুষ সম্প্রীতি নষ্ট করে কাজ করে বোকার মতো।
যুগ যুগ ধরে তার ডিএনএ বহন করে চলেছে
অধিবাসীদের উথান-পতনের ইতিহাস;
সেই প্রাক-ক্যামব্রিয়ান যুগ থেকে এই প্লাস্টিক যুগ পর্যন্ত,
ডাইনোসর থেকে শুরু করে সৃষ্টির সেরা জীব পর্যন্ত।
যুগ যুগ ধরে স্বার্থান্বেষী মানুষের হাতে
মার খেয়েই চলেছে সম্প্রীতি;
আহত হয়েছে বটে,
তবে নিহত হয়নি;
হয়তো অ্যানিমিয়ায় ভুগছে,
তবে আমার বিশ্বাস মানবহিতৈষীদের সাহায্যে
শীঘ্রই সে আরোগ্যলাভ করবে
আর ধরণীতে শান্তির আবহাওয়া বিরাজ করবে।

নিষ্প্রভ সম্পর্ক

সম্পর্কগুলো নিষ্প্রভ হয়ে যাচ্ছে
মেঘে ঢাকা সূর্যের মতো কিংবা
চন্দ্র-তারার মতো; কৃত্রিমতায় ভরা;
ক্রমশ স্বার্থপর হয়ে উঠছে,
নিজ স্বার্থের জন্য ছোট করা অন্যকে,
দমিয়ে রাখা, অন্যের ক্ষতি করা,
মাটির কাপে চা খেয়ে ফেলে দেওয়ার মতো, এ যেন চতুরতা;
উঁকি মারছে ছলনা হাসির পেছনে লুকিয়ে।

বিবেকের মেঘ মনের দরজা খুলে পলায়ন করছে;
সম্পর্কগুলো শীতের গাছের মতো পড়ছে জবুথবু হয়ে;
তারা আকর্ষিত হচ্ছে হিংসার চুম্বকে,
তারা সততা হারিয়ে ফেলছে,
উদারতার হাত ছেড়ে দিচ্ছে সংকীর্ণমনা হয়ে;
বিশ্বাসেরা অসহায় হয়ে তাকিয়ে আছে তাদের দিকে।

অনুরণন

করোনার দ্বিতীয় ঢেউ
প্লাবিত করেছে দেশ
এর মাঝে ইয়াসের তান্ডব
আকাশে বাতাসে অনুরণন কান্নার রোল
টিভি আর সোশ্যাল মিডিয়ার পর্দায় ভেসে উঠে
অসহায়তার ছবি
তবু মানুষ উপলব্ধি করতে পারলো না
পরিবর্তন হলো না
পাপের কারাগারে বন্দি হয়ে রইলো
আজও সাম্প্রদায়িকতার ক্যানসার সেরে উঠলো না
তার দুর্গন্ধ ছেয়ে রইলো ছাতার মতো
তবে আমার বিশ্বাস শীঘ্রই সম্প্রীতির সৌরভ ছড়িয়ে পড়বে
মানবিকতা কোষ বিভাজন করে শক্তিশালী হয়ে উঠবে
আর শান্তিরা এসে হাজির হবে মনের দ্বারে দ্বারে
তাদের বার্তা অনুরণন হবে আকাশে বাতাসে।

রহস্য

রহস্যে ভরা মহাবিশ্ব
অজস্র গ্রহ নক্ষত্র,
রহস্যে ভরা জগৎ,
রহস্যে ভরা পৃথিবী,
অনুপম সৌন্দর্য রাশি রাশি,
অফুরন্ত জ্ঞানের পাণ্ডুলিপি মহাবিশ্বের আনাচে কানাচে;
সৃষ্টিকর্তার কী অপার সৃষ্টি!
মহাকাশের পানে কখনও বা জলমন্ডলে
কখনও বা জীবমন্ডলে কখনো বা বায়ুমন্ডলে
বিস্ময় ভরা নয়নে শুধু চেয়ে থাকি
আর মহান সৃষ্টিকর্তার প্রশংসা জপ করি,
ভাবি এই আধুনিকোত্তর বিজ্ঞান ও প্রযুক্তির যুগে
আমরা অতি সামান্যতম উদঘাটন করতে পেরেছি।

রাগান্বিত দুপুর

আকাশে গ্রীষ্মের সূর্য
উষ্ঞ রোদ্দুর
খাঁ খাঁ মানব শূন্য রাস্তা
চলেছি আমি একা
যেন লকডাউন
তৃষ্ণারা ভিড় জমিয়েছে আমার কণ্ঠে
আমার ঘর্মগ্রন্থি ঝর্ণা বইয়ে চলেছে
গাছেরও দেখা নাই
চলে গেছে যেন কোথায়
দিনটি যেন রেগে আছে
দুপুরটি উদাস হয়ে বসে আছে
যেন আছি আরবের মরুভূমিতে
খুঁজছিলাম কোনো মরুদ্যান
ভাবছিলাম যদি হতাম আরব বেদুইন
তবে কষ্টরা মনের আকাশে উঁকি দিত না
বন্ধু বানাতে পারতাম এই উষ্ঞ আবহাওয়াকে
অভিযোজন করতাম ক্ষণে ক্ষণে
অপার আনন্দে উপভোগ করতাম সব ঋতুকে।

নস্টালজিক হয়ে পড়ি

আমি বসে আছি নদীর তীরে
স্রোতস্বিনীর প্রবাহধারা হেঁটে যাচ্ছে হেসে হেসে
আকাশ পরেছে নীল শাড়ি শুভ্র মেঘের ওড়না
পরেছে শুভ্র মেঘের গহনা
আর সে জলের আরশিতে দেখছে নিজেকে
কেমন লাগছে এই সাজে
তটের রুপালি কাশফুল তার সৌন্দর্যে মুগ্ধ হয়ে
অপলক দৃষ্টিতে চেয়ে আছে
আর হাতটা নাড়িয়ে টা টা দিচ্ছে
আহা কী অপরূপ দৃশ্য
কী আনন্দই না নিয়ে এসেছে
আমার মন খারাপের ঘরে
মনে পড়লো আমার প্রিয়তমার কথা
সেও এই আকাশের মতো নীল চুড়িদার আর সাদা ওড়না
পরে খেয়ানৌকায় বসেছিল আর আমি মাঝি হয়ে
ভাটিয়ালি গান শোনাতে শোনাতে
পাড়ের কাশফুলের মেলায় গিয়েছিলাম নিয়ে
কতই না আনন্দধারা বইছিল মনের সমভূমিতে
বিন্যস্ত চুলে শুভ্র কাশফুল বুনে হাতে কাশফুল নিয়ে
কতই না ফটো তুলেছিল ও স্মার্টফোনে
আর সেলফিও তুলেছিলাম দুইজনে
আজও সেই স্মৃতির ধ্রুবতারা মনের আকাশে উদিত হলে
পড়ি নস্টালজিক হয়ে

দিগন্তরেখা

ঐ দূরের দিগন্তরেখায় শুভ্র মেঘেরা দাঁড়িয়ে
বাহু প্রসারিত করেছে গগনে
আকাশের নীলিমা নেমেছে দিগন্ত বিস্তৃত সবুজে
আমি যাচ্ছি অটোতে চেপে
কোনো সুন্দরী মেয়ের গালের মতো
মসৃণ কালো রাস্তা নীল দিগন্ত ছুঁয়েছে
সবুজ সমভূমির বুক চিরে রেখা এঁকে নদীর মতো
গাছ মাঠ পথ দৌড়াচ্ছে পিছনে
আপ্লুত মনে আমি চেয়েই আছি তাদের রূপে
ভ্রমণ করছি তাদের রূপ সাগরে
দূরে তাকালে দেখি জলের হ্রদ
কাছে এলে দেখি শুকনো রাস্তা
আসলে মরুভূমির ন্যায় পিচের রাস্তায় নেমেছিল মরীচিকা
পিচ আর পৃথিবীর বুক্কের আরশিতে
মুখ দেখছিল মেঘ বালিকারা
ভাবনার নক্ষত্ররা আমার মনের মহাকাশে উঁকি দিচ্ছিল
আর বলে যাচ্ছিল
জীবন- পথে মানুষ যেমন সুন্দর অনুভূতির দেখা পাই
ঠিক তেমনি মরীচিকারও পাই

মুছে যাক তোমার স্মৃতি

মেঘ-রোদ্দুরের শ্রাবণে
একলা বসে
ভাবি তোমার সঙ্গে কাটানো স্মৃতিগুলি।
তোমার সেই স্মৃতিগুলি আমার মনের মহাকাশে দেয় উঁকি,
হৃদয়ে দেয় ব্যাথা, বিষণ্ণ করে মনকে;
আমি চাই না সেই স্মৃতির বইয়ের পাতাগুলি আঁকড়ে ধরে থাকতে,
আমি চাই সেই স্মৃতির পাতাগুলি
এই শ্রাবণের মুষলধারে
বৃষ্টিধারায় ধুয়ে মুছে যাক হৃদয় থেকে
ঠিক যেমন গাছের পাতা থেকে ধুয়ে মুছে যায় ধুলো বালি।

বৃষ্টি ভেজা সন্ধ্যা

শ্রাবণের বৃষ্টি ভেজা সন্ধ্যা,
আমি জানালার ধারে বসে আছি একা,
ভেসে আসছে ঝিঁঝিঁ পোকার আওয়াজ;
সে যেন কিছু বলতে চাইছে,
আকাশ থেকে ক্রমশ গাঢ় অন্ধকার নামছে
আর তার সঙ্গে ঝিঁঝিঁ পাল্লা দিয়ে
আরো জোড়ে বলতে শুরু করেছে কথা,
আমি মনোযোগ দিয়ে শুনতে লাগলাম তার ভাষা।
সে বলে গেল, "চিন্তা করো না,
অন্ধকারে আমি উষ্ণতা ছড়াই
আর যখন রাত বিদায় জানাই,
জোনাক নৃত্য করে;
চিন্তা করোনা, করোনার অন্ধকারও
একদিন বিদায় নেবে,
পৃথিবী ব্যাধি মুক্ত হবে।"

শুভ্র পোশাকে মেঘেরা

ওই নারকেল গাছটার শিখরে উদাস হয়ে বসে আছে
শুভ্র পোশাক পরা মেঘেরা
আকাশের নীল নদীতে খেয়ানৌকায় করে
সুদূর থেকে এসেছে তারা
মনে হয় তারা শোক পালন করতে এসেছে
করোনা গ্রহাণুর ধাক্কায় অজস্র তারা খসে পড়তে দেখে
তাই হয়তো চনমনে সোনা ঝরা রৌদ্র
তাদের মনের দুঃখ
দ্রবীভূত করতে পারেনি
পারেনি বিমুগ্ধ করতে
পারেনি তাদের উদাসীনতা কাটাতে।

ফ্যাকাসে অনুভূতি

সুখের অনুভূতিগুলো ক্রমশ ফ্যাকাশে হয়ে যাচ্ছে
আধুনিকতার জীবনে কেরিয়ারের টেনশনে,
বেকারত্ব জেলের মতো মাছ ধরা জালে
আষ্টেপিষ্টে ঘিরে ফেলেছে,
স্বপ্নরা ভ্রুকুটি করছে
আর আশারা শীতের গাছের মতো জবুথবু হয়ে পড়ছে;
জীবন তরী যেন সাগরের মাঝে থেমে গেছে;
ব্যর্থতা, হতাশা, উৎকণ্ঠা ও অবসাদের হিমশৈল তাকে
আটকে দিয়েছে;
পাতার মতো
খুশির, শান্তির অনুভূতিগুলো ক্রমশ ম্রিয়মাণ হয়ে যাচ্ছে;
তারা ক্লোরোসিসে আক্রান্ত হয়েছে যেন।

দিগন্তরেখা বরাবর স্বপ্ন আঁকি

শ্রাবণের সকাল নেমেছে

নয় দুই নয়নে জল নিয়ে

ঝলমলে রোদ্দুরকে নিয়ে

ঠোঁটের কোণে স্মিত হাসি নিয়ে

আকাশের নীল সাগরে

সাদা মেঘেরা পাড়ি দিচ্ছে জাহাজে চেপে

কোনো কোনো জাহাজ তটে নোঙর করেছে

আমি দাঁড়িয়ে আছি আকাশের পানে তাকিয়ে

আমার চোখের তারায় ভেসে উঠছে স্বপ্ন

পৃথিবী শীঘ্রই করোনা ব্যাধি থেকে হবে মুক্ত

এই সোনালী দিনের শৈশবের মতো

এই সুনির্মল আবহাওয়া যেন

সেই কথাই ফিস ফিস করে

আমার কানে কানে বলে যাচ্ছে

সেই আশায় দিগন্তরেখা বরাবর স্বপ্ন আঁকি।

শ্রাবণের বৃষ্টি

শ্রাবণের আকাশ

বৃষ্টি উঁকি দিচ্ছে জানালায়

আমি জানালার ধারে দাঁড়িয়ে চেয়ে থাকি বৃষ্টির দিকে

আর বাইরে বৃষ্টি ধরতে হাত বাড়াই

মনে শিহরণ জাগে

পুলকিত হয় হৃদয়

রোমান্টিসিজমের অনুভূতিরা ডানা মেলে আসে

আমার মনের আকাশে

আজ যদি তুমি থাকতে আমার পাশে

এই বৃষ্টির মিউজিকে আমরা সুর দিতাম দুইজনে

আর নেমে যেতাম তাদের মাঝে

তারা এঁকে যেত আদরের ছোঁয়া

শীতলতার ছোঁয়া

আর আমাদের কোরাসে মুগ্ধ হয়ে যেত সকলে।

তোমাকে বড়ো মনে পড়ে

তোমাকে বড়ো মনে পড়ে
ওই নদীর তীরে গেলে
গোধূলিবেলায় নদীর তীরে
জলে পা ডুবিয়ে বসে থাকতাম দুইজনে
আর গল্পের পাড়ায় হেঁটে চলতাম
অব্যক্ত কথাগুলো বলতে বলতে
মন খুলে কতই না কথা বলতাম!

তোমাকে বড়ো মনে পড়ে
তেপান্তরে গেলে
বসেছিলাম দুইজনে জোছনার বৃষ্টিধারার নীচে
জ্যোৎস্না স্নাত হয়ে অপলক দৃষ্টিতে
চেয়েছিলাম একে অপরকে
হারিয়ে গিয়েছিলাম কোন স্বপ্নের দেশে
আমাদের মুখে নীরবতা নেমেছিল
তবে আমাদের হৃদস্পন্দন বলে দিচ্ছিল
আমাদের না বলা কথা
আনন্দরা জড়ো হচ্ছিল আমাদের মাঝে।

তোমাকে বড়ো মনে পড়ে
আকাশে মেঘবালিকাদের দেখলে
তাদের দেখে আমরা কত আনন্দ করতাম
দুজনে হাত ধরে দ্রুত হেঁটে যেতাম
তাদের সাথে
আর রংধনু দিয়ে আঁকতাম স্বপ্নের ঘর।

তোমাকে বড়ো মনে পড়ে
নদীর তীরের নৃত্য করা কাশফুল দেখে
তুমি আর আমি খেয়ানৌকায় করে
যেতাম বেড়াতে কাশবনে
লুকোচুরি খেলতাম খুনসুটি করতাম
আর তোমার চুলে কাশফুল গুঁজে দিতাম
কতই না আনন্দ লাগতো মনে!
কাটতো সময় অনাবিল আনন্দে
তোমাকে বড়ো মনে পড়ে।

শীতকালের দিনটি

শীতকালের দিনটি ভোরে ধূসর পোশাক পরে এসেছে,
রূপালি কুয়াশার অবগুণ্ঠনে মুখ ঢেকেছে সূর্য,
ভোর বিদায় নিতেই সোনালী রোদ্দুরের গহনা ও
পোশাক পরে আবির্ভূত হয়েছে সে, উত্তরে বাতাস গান গাইছে।

চেয়ে দেখ

হতাশা, দুঃখরা যখন তোমাকে জালে জড়িয়ে রাখে,
তাকাও সুনীল আকাশের দিকে,
দেখ সেও এইরকম সবসময় নির্মল থাকে না
আর এইরকম রৌদ্রজ্বল ঝলমলে থাকে না,
রাত নেমে আসে, যায় ঘন অন্ধকার হয়ে ।

অবসাদ যখন তোমার খুশি থাকার পথকে
দেয় রুদ্ধ করে,
তুমি চেয়ে দেখ ওই রুগ্ন শুকনো নদীকে,
বর্ষাকন্যার আগমনে সে স্বাস্থ্য পায় ফিরে,
আনন্দে গান করতে করতে কলকল করে বয়ে চলে।

তুমি যখন ক্লান্ত হয়ে পড়ো,
তাকিয়ে দেখো মহাকাশের দিকে-
গ্রহ, উপগ্রহ, নক্ষত্ররা নিজ কক্ষপথে
অবিরত ঘুরেই চলেছে,
ক্লান্তির নেই কোনো চিহ্ন।

তুমি যখন দুশ্চিন্তায় থাকো,
আঁখি মেলে দেখো
পাহাড়-পর্বতের দিকে,
দুশ্চিন্তার ভাঁজ পড়েনি তাদের কপালে,
প্রচন্ড ঝড়, মেঘের মাঝে অবিচল হয়ে রয়েছে।

আজ

আজ নির্মল নীল আকাশটা মনে শিহরণ জাগায় না,
ডানা মেলা পাখিরাও মনকে আন্দোলিত করে না;
তাকে দেখে দুঃখের বার্তা লেখা চিঠির নীল খাম মনে হচ্ছে;
রুপালি ভোরে পুব দিগন্তে
হেসে উঠা সূর্যও মনকে প্রফুল্ল করে না
আর চোখে মুখে স্নেহের আল্পনা আঁকে না,
নির্মল বাতাসও দেহ-মনে ঢেউ খেলে আদর করে না,
মনে হয় বৈশাখের দুপুর;
পড়ন্ত সন্ধ্যায় গোধূলিও মনকে রোমাঞ্চিত করে না,
জোছনা মাখা রাতে চাঁদের জ্যোৎস্না
গাছের ডাল পাতা আর টালির ঘর বেয়ে চুঁইয়ে পড়তো,
উঁকি মারতো জানালায়,
হৃদয়টা নেচে উঠতো,
এই করোনাকালে এখনো হয়,
তবে মনটা শিহরিত হয় না, হৃদয়টা নেচে উঠে না,
চাঁদের কান্নার অশ্রুজল বলে মনে হয়;
শুকতারা, সন্ধ্যাতারা আর ধ্রুবতারাও আনন্দ দিতে পারে না;
ঝাপসা হয়ে এসেছে সকলের চোখের তারা।

ম্লান

গাছ তার পরিবারের অনেক সদস্যকে হারিয়েছে
হারিয়েছে অক্সিজেন তার স্বাস্থ্য
বায়ু তার পরিবারের সদস্যের এরকম অবস্থা দেখে
পাচ্ছে বড়ো কষ্ট
প্রাণীরা বাসস্থান হারিয়েছে
হারিয়েছে মনোরম আবহাওয়া
এইদিকে মনুষ্যলয়ে হানা দিয়েছে করোনা
কৃত্রিম অক্সিজেনও নেই
অনেকের আত্মা এসে দাঁড়িয়েছে কণ্ঠে
আর মৃতরা খড়কুটোর মতো তাকিয়ে আছে
আকাশের দিকে
সমুদ্রের বুদবুদের মতো মৃত্যুর সাগরে
ম্লান হয়ে যাচ্ছে অনেকের প্রাণ
পৃথিবী বড়ো কষ্ট পাচ্ছে দেখে
চাঁদ তার চোখের জলের জোছনায় ভাসিয়ে দিচ্ছে
আর মাঝে মাঝে কান্না থামিয়ে চলে যাচ্ছে
বিরহে লকডাউনে
সাগরের তটে লেখা অনেকের নাম ঢেউয়ে যাচ্ছে মুছে
পৃথিবীর পাতা থেকে
আকাশ মুহুর্মুহু চোখের জল ফেলছে কেঁদে
নীল বাড়ির অধিবাসীদের দেখে।

মেঘের কোলে চাঁদ/পড়ন্ত গোধূলিবেলা

পড়ন্ত সন্ধ্যা
মেঘের কোলে চাঁদ বসে
পশ্চিম আকাশে গোধূলির ছোঁয়া
আমি যাচ্ছিলাম বাইকে চড়ে ব্যারেজের উপর দিয়ে
আমাকে মন্ত্রমুগ্ধ করে থামিয়ে দিল তারা

ক্যাপচার করতে পকেট থেকে বের করলাম স্মার্টফোনটা
এ বলে আমায় তুলো, ও বলে আমায় তুলো মোবাইলের লেন্সে
আমার মনের মহাকাশে অনুভূতির গ্রহরা
শুরু করেছে প্রদক্ষিণ করতে
অপলক দৃষ্টিতে চেয়েই থাকলাম তাদের পানে আমরা

মেঘেরা আকাশের আঙিনায় আঁকছিল আল্পনা
চাঁদ মুখ দেখছিল স্রোতের আয়নাতে
জলপথে সন্ধ্যা ভ্রমণে বেড়িয়েছে খেয়া আদুরে চুম্বন দিচ্ছিল হাওয়া
মহানান্দে কলকল গান গেয়ে নদী যাচ্ছে হেঁটে
আকাশে বাতাসে জলে মাটিতে কত নৃত্য করছে আনন্দরা।

অসহায়রা

করোনা-ওমিক্রণ,
লকডাউন, অসহায় জনসাধারণ,
বেকারত্বের জেলে বন্দি গরিব ও মধ্যবিত্তরা,
তবে ধনীদের সম্পদের নদীতে জোয়ার বইছে,
অনলাইনে চলছে ব্যবসার রমরমা;
গরিবদের দিকে আসছে অজস্র সাহায্যের হাত
কিন্তু মধ্যবিত্তরা না পাচ্ছে সহযোগিতা
আর না পারছে সাহায্য চাইতে;
পেটে ক্ষুদা সিংহের মতো গর্জন করছে;
চোখের কোণে নোনাজল নিয়ে বাঁচার চেষ্টা চালাতে হচ্ছে।
এইদিকে অসহায়দের ছেলেমেয়েদের জ্ঞানশুন্য ডিগ্রি বাড়ছে
কেননা স্কুল-কলেজে লকডাউন এসেছে,
তাদের ভবিষ্যত রাস্তায় পরে বেধড়ক মার খাচ্ছে;
তাদের স্বপ্নকে গলা চেপে ধরা হচ্ছে।

জোছনাময় রাত

পড়ন্ত রাত বিস্তার করেছে তার বাহু আদিগন্তে,
বসে আছি চেয়ারে উদাসীন জানালার ধারে,
পূর্ণিমা চাঁদ জানালা দিয়ে উঁকি দিয়েছে
আর স্মিত নয়নে তাকিয়ে আছে আমার দিকে,
আদরের আল্পনা এঁকে যাচ্ছে চোখে মুখে;
আপ্লুত বিস্ময় পলকে তাকিয়ে আছি;
রাতের আকাশ যেন পরেছে টিপ কপালে,
জ্যোৎস্নার শাড়ি পরেছে প্রকৃতি;
তার রূপের ছটাতে প্লাবিত হয়েছে ব্যস্ত শহর
তবু ব্যস্ত মানুষজন চলেছে নিজ প্রয়োজনে,
মোহিত হচ্ছে না কারো চোখ;
ফটো তোলার ভাবনারা উঁকি দিচ্ছে মনের আকাশে-
এই রাতের চোখের, এই জ্যোৎস্না স্নাত শহরের আর সেলফিও
কিন্তু সেই ভাবনাদের বলি, এখন তোমাদের দিকে দেখছি না
বরং এই জোছনাময় রাত অবলোকন করে লিখি কবিতা,
এই অপরূপ সময়ের এক মুহূর্তও নষ্ট করতে চাই না।

ধূসরময় দিন

ধূসর সকাল নেমেছে,
আগমন ঘটেছে কনকনে ঠান্ডার,
রুপালি আকাশ থেকে বৃষ্টির ফোঁটা
গুটি গুটি পায়ে নিচে নামছে শুষ্ক জীর্ণ মাটির বুকে,
রবি শুয়ে আছে সারা দিন ধরে অসুস্থ রোগীর মতো
তবে বিহঙ্গরা কলরবে
মন খারাপ করে বসে থাকা দিনটিকে করেছে মুখরিত,
মানুষও বসে নেই, তারা বেরিয়ে পড়েছে নিত্য প্রয়োজনে,

সকাল বিদায় জানিয়ে চলে গেছে, দুপুর আবির্ভূত হয়েছে
তবে দিনটি ধূসর মেঘময় হয়েই আছে;
মসজিদ থেকে ভেসে আসছে মুগ্ধকর আজানের সুর,
প্লাবিত হচ্ছে পরিবেশ,
কবি শীতের রুপালি সৌন্দর্যে মুগ্ধ হয়ে
কাব্য লিখতে করেছে মনোনিবেশ।

নৈসর্গিক হলুদ গ্রামে

রোদময় আকাশের নিচে
সবুজ ও হলুদময় মাঠ হাসছে;
একফালি বাতাস চুমু দিয়ে যাচ্ছে,
আমি আর আমার প্রিয়তমা যাচ্ছি হেঁটে
সমভূমির বুকে সভ্যতার ইতিহাস লিখে যাওয়া নদীর মতো
সরষে ফুলের ক্ষেতের মধ্যে দিয়ে চলে যাওয়া পথে;
অভিভূত হয়ে গেলাম থেমে, হলুদ গ্রামে এসেছি যেন;
এই হলুদ নৃত্যরত বালিকাদের সাথে
ফটো তোলার ইচ্ছেরা উঁকি দিচ্ছিল মনের আকাশে;
ফটো তুললাম স্মার্টফোনে,
প্রিয়া রোমাঞ্চিত হচ্ছিল,
তার মনের সাগরে রোমান্টিসিজমের ঢেউ উঠছিল-
তাদের মাঝে হাতে হাত রেখে, ঘাড়ে হাত রেখে
সেলফি তোলা আর রেশমী কালো বিন্যস্ত চুলে
ফুল গুঁজে ফটো তোলা;
তার চেহারা পড়ে মাথায় একফালি সোনালী রোদ্দুর নিয়ে
হলুদ মাঠে নেমে পড়লাম আমরা
আর কতই না রোমাঞ্চ আমার মনের আকাশে মেলছিল ডানা!
সে হাসছিল পাহাড়ি ঝর্ণার মতো খিল খিল করে
আর প্লাবিত হচ্ছিল সরষে ফুলের গাঁ তার হাসির আনন্দে;
সেই নৈসর্গিক শোভা আজও হাতছানি দেয় আমাকে।

সমুদ্র সৈকতে

ঘন অন্ধকার নেমেছে,
রাতের আকাশের চোখগুলো
তাকিয়ে আছে নিচের অজস্র আলোর দিকে,
সিংহের গর্জনের মতো আওয়াজ ভেসে আসছে
আমার কানের কৃষ্ণগহ্বরে,
ভয়েরা ক্রমশ গ্রাস করছে আমাকে, ভয় দেখাচ্ছে
তবু আপ্লুত বিস্ময় নয়নে চেয়ে আছি তাদের পানে,
আছি যেন কোনো জোনাকির দেশে,
অন্ধকার বিদায় নিচ্ছে ধীরে ধীরে,
জোনাক হাসতে শুরু করেছে পুব দিগন্তে
দুই বাহু বিস্তৃত করে
আর যখন নাচতে শুরু করেছে
দেখি মিট মিট করে জ্বলে থাকা আলোরা অদৃশ্য হয়ে গেছে
আর পুব দিগন্তে গোলাপের মতো লাল আভা নিয়ে
সূর্য আবির্ভুত হয়েছে, সে জলের আরশিতে মুখ দেখছে;
ঢেউরা আনন্দে লাফাচ্ছে,
আমার ভুল ভাঙে মরীচিকার মতো,
রাতে ভেবেছিলাম অজস্র বাড়ির আলো,
আসলে তারা জাহাজের আলো,
জাহাজগুলো অনেক দেশ পাড়ি দিয়ে এসে নোঙর করে বিশ্রাম করছিল
আর গর্জন সমুদ্রের ছিল।

রূপালি-সোনালি

বাতাস কুয়াশার জ্যাকেট পরে হাঁটছে,
বরফের মতো শীতল স্পর্শ দিয়ে যাচ্ছে ত্বকে,
আমরা উষ্ণ পোশাক দিয়ে ঢাকছি খোলা অংশ,
মুখ দিয়ে বের হচ্ছে রূপালি ধোঁয়া,
রূপালি অবগুণ্ঠনে মুখ ঢেকে ধীরে ধীরে হেঁটে যাচ্ছে বার্ধক্যা নদী;
ভোরের শিশিরের ফোঁটায় স্নান করছে গাছগুলো,
তাদের গা বেয়ে টুপটাপ শব্দে চুঁইয়ে পড়ছে,
সেই শব্দ নিয়ে এসেছে মধুর সঙ্গীত,
সূর্য ঘুম থেকে জেগে উঠছে,
তার চোখে মুখে ঘুমের ঘোর,
শীঘ্রই চোখ মুখ ধুয়ে কাজে লেগে পড়বে,
ঘাসের ডগায় শিশির ফোঁটা হীরের মতো দ্যুতি ছড়াবে,
অপেক্ষারত হলুদ সরষে ফুল আকাশের দিকে তাকিয়ে
নৃত্য শুরু করেছে দিনের দূতের আগমনে;
প্রকৃতি ভোরের রূপালি পোশাক পরিবর্তন করে
সোনালি পোশাকে সেজে উঠবে।

মূল্যহীন

চারিদিক রঙিন,
চারিদিকে সাজানো রঙবেরঙের জিনিস,
আকৃষ্ট করছে, মেতে আছি তাতে
তবে মাঝে মাঝে শ্বাশত ভাবনারা উঁকি দিচ্ছে মনের আকাশে
আর মনে করিয়ে দিচ্ছে না ফেরার দেশের কথা;
একদিন অন্ধকার হয়ে যাবে এই রঙিন জগৎটা,
বিদায় ঘণ্টা বাজবে,
যমদূত এসে হাত ধরে নিয়ে যাবে;
এত কিছু আয়োজন সব মুল্যহীন হয়ে পড়বে
তবে অমর করে রাখবে ভালো কাজগুলো;
তাই চলো দৌড় দি তাদের দিকে।

প্রতিবন্ধী

আমাদের কারো পা নেই,

কারো হাত নেই,

কারো হাত-পা ভাঙা,

কারো বাকশক্তি নেই,

কারো দগ্ধ চামড়া,

কেউ বা জড়ো বস্তুর মতো

তবু আমরা স্বপ্ন দেখি,

প্রতিকূলতার সঙ্গে লড়াই করি,

অভিযোজন করি,

অদম্য ইচ্ছেরা মনের আকাশে ডানা মেলে

আর উড়ে নিয়ে যায় স্বপ্নের দেশে,

মনের ঘরে পুষে রাখা আকাঙ্খাদের ঠোঁটে হাসি ফুটে উঠে,

তাইতো প্যারা অলিম্পিকে হোক কিংবা ক্রিকেটে

কিংবা বিজ্ঞানে---- অবদান রাখি সব ক্ষেত্রে,

পরিবার মনে করে বোঝা, সমাজ মনে করে বোঝা;

সমস্যা, দুঃখ-কষ্ট, ব্যর্থতা মাছ ধরার জালের মতো

আষ্টেপৃষ্ঠে ঘিরে ফেললোও জীবনটা শেষ হয়ে যায় না,

জালের ভেতর দিয়ে জল প্রবাহিত হয়,

জলের মতো হয়ে যাও;

জীবনটা সহজেই শেষ হয়ে যায় না;

এক পথ বন্ধ হয়ে গেলে আরেক পথ খুলে যায়।

এক আকাশ শীতের ভোর

এক আকাশ শীতের ভোর নেমেছে,
রুপালি জোনাকের মুখে
খুশি হাসির রেখা এঁকেছে
আর দুইজনে আনন্দে নৃত্য শুরু করেছে;
দিগন্তরেখার পথে রবি হাঁটবে বলে
পুব দিগন্ত লাল-কমলার আভার পোশাকে
সজ্জিত হয়েছে,
সকলে দাঁড়িয়ে ফুল হাতে,
নব নব সাজ, উৎসবমুখর আবহাওয়া সেখানে
ঠিক যেমন বিখ্যাত ব্যক্তির আগমনে
সেজে উঠে কোনো পরিবেশ;
আপ্লুত হয়ে অপলক নয়নে
চেয়েই থাকলাম রুপালি কুয়াশা মেখে
রুপালি নীলাভ আকাশ মাথায় নিয়ে।

তোমরা গরিব

তোমরা গরিব, তোমাদের গরিব হয়ে থাকতে হবে;
তোমাদের স্বপ্ন দেখতে নেই;
তাই তো তোমাদের মেরুদন্ড বাঁকিয়ে দেওয়া হচ্ছে;
তোমাদের বড়ো হওয়ার আশা করতে নেই;
তোমাদের শোষিত হয়েই থাকতে হবে,
তোমাদের প্রতিবাদ করতে নেই,
বিলাসবহুল বাড়ি,
বিলাসবহুল গাড়ি,
বিলাসবহুল জীবন ধনীদের জন্য;
সুন্দরী বউও তাদের,
এই রঙিন পৃথিবীটা তাদের;
তোমাদের পৃথিবী ফ্যাকাসে, রুগ্ন;
তোমাদের জীবন মরুভূমিতে স্বপ্নের নদী শুষ্ক হয়ে যায়,
তোমাদের জীবন আকাশে দুঃখের মেঘ ঘুরে বেড়ায়,
তোমাদের অশ্রুর নোনা জলে সাঁতার কাটতে হয়;
তোমাদের জীবন যেন বেদনার বালুচর,
এটাই তোমাদের জীবন,
এটাই তোমাদের ভুবন।

শরৎ-উৎসব

বর্ষাকন্যা কাঁদতে কাঁদতে বিদায় নিয়েছে,
আকাশ মন খারাপ বন্ধ করেছে
আর সে শুভ্র সাজে সজ্জিত মেঘবালিকাদের সাথে
উৎসবের আনন্দে উৎফুল্ল হয়ে উঠেছে,
নদীর তীরে কাশ রুপোর পোশাক ও অলংকার পরে নৃত্য শুরু করেছে।
ভাটিয়ালি গান গেয়ে মাঝিরা

পারাপার করছে খেয়ানৌকা
আর সেই গান শুনতে শুনতে নব সাজে সজ্জিত হয়ে
অনেকে যাচ্ছে রুপালি কাশফুলের মেলাতে।
মনে কত রোমান্টিসিজম নিয়ে!
অনেক দম্পতি মোবাইলে ফটো তুলবে বলে,
অনেক রমণী খোঁপায় কাশফুল গুঁজে ফটো তুলে
সোশ্যাল মিডিয়ায় পোস্ট করবে বলে,
তবে শুধু সেই জন্যই নয়, প্রকৃতির সৌন্দর্যের টানে,
শরৎ-রানীর রূপে মুগ্ধ হয়ে পাড়ি দিয়েছে,
সে হাতছানি দিয়ে বারে বারে ডেকেছে।

উদাস মন ও ঘুড়ি

শীতের অন্ধকার নেমেছে আকাশের সিঁড়ি বেয়ে,
বসে আছি আমি জানালার ধারে,
উদাস ভাবনারা ঘিরে আছে আমাকে;
হটাৎ করে চোখ পড়লো সামনে
দাঁড়িয়ে থাকা নারকেল গাছে, তার ঘাড়ে বসে আছে
উজ্জ্বল রঙের ঘুড়ি, সে আনন্দে হাসছিল
আর নৃত্য করছিল
ঠিক যেমন বড়দের ঘাড়ে বসে শিশুরা করে;
সে আমার দিকে তাকিয়েছিল;
পাশের ভবনের ছাদে বসে থাকা হ্যালজেন থেকে
আলো তাদের সঙ্গ দিতে এসেছিল
তারা কতই না আনন্দ করছিল!
তারা আমাকে বলছিল কেন উদাস হয়ে বসে আছো?
এসো আমাদের সাথে প্রকৃতির সৌন্দর্য উপভোগ করতে
আর তখন আমার মনের উপত্যকায় পাহাড়ি ঝর্ণার মতো
কতই না খুশির ধারা বয়ে যাচ্ছিল!

মিষ্টি রোদ্দুরে

অপরাহ্ণে মিষ্টি রোদ্দুর নামছে,
আমি যাচ্ছি টোটোতে চেপে,
পথ পিছনে দৌড়াচ্ছে,
বিস্তৃত কচুরিপানার ভূমির মাঝ দিয়ে
রাস্তাটি হেঁটে চলে গেছে রেখা টেনে
দিগন্তরেখায় দাঁড়িয়ে থাকা ঐ দূরের গ্রামে
দুই সবুজ জমির মাঝের আলের মতো
কিংবা খাতার পাতায় টানা রেখার মতো;
পথ, কচুরিপানা মুখে মাখছে রবির স্মিত আলো
যেমন রমণীরা ব্যবহার করে ক্রীম ঔজ্জ্বল্য বাড়ানোর জন্য
আর নির্মল বাতাস ঢেউ খেলে যাচ্ছে চুমু দিয়ে;
আমি অপলক দৃষ্টিতে চেয়ে আছি তাদের পানে,
কতই না স্নিগ্ধতা জেগেছে আমার মনের ভোরে!
কতই না প্রশান্তি আসছে আমার মনের ভুবনে!
মস্তিষ্কের স্মৃতিপটে আর স্মার্টফোনে ক্যামেরাবন্দি করে
বয়ে নিয়ে চললাম এই নৈসর্গিক সৌন্দর্য চিরতরে।
মনে হয় এইরূপ কয়েক আলোকবর্ষ পথ ভ্রমণ করলেও
হতাম না ক্লান্ত।

আকাশে স্ফুলিঙ্গ

আকাশের নীল সাগরে
হটাৎ করে আবির্ভূত হয়েছে
সৈন্যবাহিনী নিয়ে
অজস্র কালো রঙের নৌকা,
যুদ্ধে মেতেছে তারা,
যুদ্ধাস্ত্রের আঘাতে স্ফুলিঙ্গ ছড়াচ্ছে আলো
আর অনুরণিত হচ্ছে বোমার মতো শব্দ;
পথচারীরা ভীত হয়ে ছাদ খুঁজছে
কেননা এখন এই স্ফুলিঙ্গ না ফেরার দেশে
অনেককে নিয়ে যাচ্ছে।

বর্ষাকন্যা

অম্বর উদ্দেশ্যহীনভাবে ঘুরে বেড়াচ্ছে
আকাশ তার দিকে এক দৃষ্টিতে তাকিয়ে আছে
মেঘের সাগরে উতলে পড়ছে ঢেউয়ের জলোচ্ছ্বাস
চোখ রাঙাচ্ছে বজ্রের আওয়াজ আর উচ্ছ্বাস
মেঘের সুনামি নেমে আসছে শ্রাবণের ভুবনে
জোয়ার এসেছে বর্ষাকন্যার নয়নে
তার গালের পথ বেয়ে চলেছে সে হেঁটে
পাট-চাষীরা সুখ-স্বপ্নকে বুকে জড়িয়ে ধরেছে আনন্দতে

সন্ধ্যার বৃষ্টি মাটির বুকে আদরের ট্যাটু আঁকছে
ঝিঁঝিঁপোকা আর ব্যাঙ বাতাসে উষ্ণতার বারতা ছড়াচ্ছে
আমি বারান্দায় বসে তাদের পানে চেয়ে আছি
আর মনের ক্যানভাসে রোমান্টিসিজমের আল্পনা আঁকছি
পাড়ি দিচ্ছি মেঘেদের দেশে
আমার প্রিয়ার সাথে মেঘবালিকাদের পাশে।

চেয়ে আছে

আকাশ থেকে ঝর্ণার জল পড়ছে
বাতাস, মাটি, তরু স্নান করছে
বার্ধক্য রোগাক্রান্ত নদী যৌবন পাচ্ছে ফিরে
কিন্তু প্রহর গুনছে তীরের বাড়িগুলো
আর আকাশের দিকে অসহায় হয়ে তাকিয়ে আছে
দরিদ্র চোখগুলো।

ম্রিয়মাণ ঈদের সুঘ্রাণ

রমজান পথের শেষ প্রান্তে
ঈদের সুঘ্রাণ ছড়িয়েছে আকাশে বাতাসে
সবার মনের আকাশে উঁকি দিয়েছে
আনন্দের তারারা
কিন্তু কয়েকবার উঁকি মেরে লকডাউনে চলে গেছে
অতিমারিতে কান্নার রোল শুনে
খসে পড়ছে নক্ষত্ররা।

কাজী নজরুল ইসলাম

বাংলা সাহিত্যে ভোরের বিদ্রোহী তারা হয়ে
আবির্ভাব হয়েছিল কবি কাজী নজরুল ইসলামের
পরাধীন ব্রিটিশ ভারতে এক যুগ সন্ধিক্ষণে।
শুধু তিনি আবির্ভূত হননি বিদ্রোহী তারা হয়ে,
তিনি উদিত হয়েছিলেন সম্প্রীতির আকাশে
সম্প্রীতির শুকতারা হয়ে।
জীবন সংগ্রামের অলিগলিতে
বিচরণ করেছিলেন প্রতিকূলতাকে জয় করতে।
অভিযোজন করেছিলেন প্রতিকূলতাকে হারাতে
কখনও মুয়াজ্জিন মসজিদে, কখনও চা রুটির দোকানে,
কখনও লেটো দলে, কখনো সেনাদলে;
কখনও সাংবাদিকতায়, কখনও সম্পাদনায় ।
তিনি শুধু কবি নন তিনি সঙ্গীতজ্ঞ, দার্শনিক,
স্বাধীনতা সংগ্রামী, মানবতাবাদী, সাহিত্যিক, সাংবাদিক।
অসংখ্য মানুষের মনের আকাশে
তাঁর শব্দেরা আজও ডানা মেলে।
এই সাম্যবাদী বীর শুধু ভারত আর বাংলাদেশের হৃদে নয়,
সারা পৃথিবীর অগণিত মানুষের হৃদে
প্রিয় মানুষ হয়ে জায়গা করে নিয়েছে।
ইতিহাসের ডিএনএ মনে রাখবে তাঁকে যুগ যুগ ধরে।

আনন্দ পেতে

বড়ো কবি হতেই হবে
এমন কোনো কথা নয়।
পুরস্কার পেতেই হবে
এমন কোনো কথা নয়।
বড়ো কবি হয়তো পারিনি হতে
তাতে কোনো আফসোস নাই।
হয়তো পারিনি উঁচুমানের কবিতা লিখতে
তবে মনের মাধুরী মিশিয়ে মনে আনন্দ পেতে
কিছু কথা লিখে যায়-
আবেগের কথা, জীবনের কথা,
মানুষের কথা, প্রকৃতির কথা।

শঙ্খ ঘোষ

তুমি জন্মেছিলে ১৯৩২ সালের ৫ই ফেব্রুয়ারি বাংলাদেশের চাঁদপুরে
অমলাবালা ও মনীন্দ্র ঘোষের পৃথিবীতে।
তুমি বাংলা সাহিত্যে রবীন্দ্রনাথ ঠাকুর ও জীবনানন্দ দাশের উত্তরসূরী;
তুমি শুধু কবি নও, তুমি একজন শিক্ষক, লেখক ও গবেষকও;
তুমি সাহিত্য নামক জলধারার প্রধান নদী,
শাখা নদী ও উপনদীতে সন্তরণ করেছ;
তুমি লিখেছ অসংখ্য কাব্যগ্রন্থ, গদ্যগ্রন্থ ও প্রবন্ধ,
লিখেছ শিশুদের বইও;
তোমার কলমের ছোঁয়াতে সমৃদ্ধ হয়েছে বাংলা ভাষা ও সাহিত্য;
তোমার কলম গর্জে উঠেছে
অন্যায়ের প্রতিবাদে।
তুমি পেয়েছ সাহিত্য একাডেমি পুরস্কার,
পদ্মভূষণ পুরস্কার, জ্ঞানপীঠ পুরস্কার সহ অনেক পুরস্কার।
তুমি না ফেরার দেশে পাড়ি দিয়েছ ২১শে এপ্রিল ২০২১ সালে
তবু তুমি মানুষের স্মৃতির পাতায়,
ইতিহাসের পাতায়
অমর হয়ে রয়েছ।
তোমার কবিতার কথা অনুরণন হয় আকাশ বাতাসে,
তোমার শব্দেরা কথা বলে যায় কানে কানে,
তোমার কবিতার কথা শুনলে বড়ো মনে পড়ে তোমাকে,
শুধু তোমার কবিতার কথায় নয়, আমার মনের আকাশে
কবিতা উঁকি দিলে বড়ো মনে পড়ে তোমাকে
তোমার পূর্বসূরীদের সাথে।

ঈদ

নতুন চাঁদ দেখে মুসলিমরা একমাস রোজা রাখে
নতুন চাঁদ দেখে ঈদ-উল-ফিতর পালন করে;
এক মাস অপেক্ষার পরে
ঈদ খুশির জোয়ার নিয়ে আসে হৃদয়ে;
বাঁকা চাঁদ দেখে অনাবিল আনন্দের ঢেউ উঠে মনের সাগরে।
সন্ধ্যা থেকে সারা রাত কাটে কেনা কাটাকাটিতে,
ভিন্ন ভিন্ন মিষ্টান্ন তৈরিতে,
সকালের অপেক্ষাতে ঈদের উৎসবের আমেজে,
সোশ্যাল মিডিয়াতে বা ফোনকলে
একে অপরকে অগ্রিম ঈদ মোবারক জানাতে।
ঈদগাহে মিলিত হয়ে নামাজ পড়ার শেষে
সাক্ষাৎ ঘটে অনেকদিনের না দেখা চেহারাগুলোর সঙ্গে;
কোলাকুলি, হাত মেলামেলি করে
পুরোনো সখ্য নতুন করে জেগে উঠে;
এই দিনে মনমালিন্য, শত্রুতা ম্লান হয়ে
বিশ্বভ্রাতৃত্বের সুগন্ধ-বাতাস ছড়িয়ে পড়ে বিশ্বে।

রমজানের সেই মুহূর্ত

পুব দিগন্তে হাসিমুখে আঁধফালি চাঁদ
আর তার পাশে টাওয়ারে চোখ পিট পিট করে বসে আছে শুকতারা;
মসজিদ থেকে ভেসে আসছে মুয়াজ্জিনের সুরালো আজান;
সেহরি শেষ করে নিশিভোর মেখে থাকা
অপেক্ষারত রাস্তার পিঠে চড়ে যাচ্ছে মুসল্লিরা;
তাদের আদর করে যাচ্ছে মৃদুমন্দ বাতাস;
ভেসে আসছে কোকিলের কুহু কুহু ডাক;
কানে কানে বলে যাচ্ছে যেন পবিত্র ঈদের অগ্রিম শুভেচ্ছা বার্তা;
ধূসর ভোর আকাশের সিঁড়ি বেয়ে হাঁটতে শুরু করেছে,
জোনাক নাচতে শুরু করেছে পথে পথে;
নামাজ শেষ করে অনুজ্জ্বল রূপালি ভোর মাথায় নিয়ে
স্বর্গীয় সৌন্দর্য মুখে মেখে
মুসল্লিরা প্রবেশ করছে নিজ নিজ বাড়িতে।
আহা কী সুন্দরই না রমজানের সেই মুহূর্ত!

উষ্ণ মরুভূমিতে হেঁটে যাচ্ছে রমজান

নদীর মতো রমজান হেঁটে যাচ্ছে,
তীব্র দাবদাহ সিংহের মতো হুঙ্কার দিচ্ছে
উষ্ণ মরুভূমির আবহাওয়ায়,
রোজাদারেরা ঈমানের মরুদ্যানে নিচ্ছে আশ্রয়;
গ্রীষ্মের দিনগুলি তাদের শক্তি প্রদর্শন করছে,
রোজাদারেরা তাদের চোখে চোখ রেখে সামনে চলেছে এগিয়ে,
তারা তীব্র তাপপ্রবাহকে বুড়ো আঙুল দেখিয়ে
কুরআনের নির্দেশ বুকে নিয়ে ঈদের সুগন্ধ আকাশে বাতাসে
ছড়িয়ে দিতে রোজার হাত ধরে যাচ্ছে হেঁটে
আর তাদের মনের উপত্যকায় কতই না আনন্দের প্রবাহধারা বইছে!

উৎসব

উৎসব মানে দুঃখময় মনের আকাশে
আনন্দের তারকা ফুটে ওঠা।
উৎসব মানে নব সাজে সেজে ওঠা।
উৎসব মানে অন্ধকারময়, ব্যর্থতাময় জীবনকে
বিদায় জানিয়ে নব উদ্যমে জীবন শুরু করা।
উৎসব মানে দীর্ঘদিন না দেখা মানুষগুলোর সাথে সাক্ষাৎ ঘটা।
উৎসব মানে ঘৃণা, দ্বন্দ্ব, দ্বেষ, মনোমালিন্য
আত্মীয়তার অগ্নিকুণ্ডে জ্বালিয়ে বন্ধুত্বের সুগন্ধ
ছড়িয়ে দেওয়া।
উৎসব মানে মনের নোংরা পোশাককে পরিষ্কার করে নেওয়া
নতুন সাদা পোশাকের মতো।

অনাকাঙ্ক্ষিত বৃষ্টি

শীতকাল, অনাকাঙ্ক্ষিত বৃষ্টি পড়ছে;
গাছে, ছাদে, চিলেকোঠায় দাপিয়ে বেড়াচ্ছে
হিমশীতল বাতাস; চোখ রাঙাচ্ছে সবাইকে;
আমি বসে আছি ঘরে জানালার ধারে একা,
জানালায় উঁকি মারছে বৃষ্টিরা
আর শীতল আদরের ছোঁয়া দিয়ে যাচ্ছে চোখে মুখে;
প্রচন্ড ঠান্ডা তবু বড়ো ভালো লাগে বৃষ্টির ফোঁটা দেখতে।
আজ যদি পাশে থাকতে,
কতই না আনন্দের ফোঁটা পড়ত মনের আঙিনাতে!
আর কতই না রোমান্টিসিজম জেগে উঠত
মনের আকাশে ভোরের রবির মতো!
তবে জানালার ধারে দাঁড়িয়ে দুই হাত মেলে
তোমার উপস্থিতি অনুভব করি দু'চোখ বন্ধ করে
আর তখন ছুরির মতো কেটে যাওয়া এ ঠান্ডা হার মেনে
যায় মনের উষ্ণতার কাছে,
আমার মস্তিষ্ক আর আড্রিনাল গ্রন্থি ঘর থেকে বের হয়ে
হাঁটতে শুরু করে ডোপামিন ও নরপাইনফ্রাইনও।

স্বপ্নের ভেলায়

স্বপ্নের ভেলায় পাড়ি দেবো
কল্পনার ও আবেগের সাগরে,
পৌঁছে যাবো সাহিত্যের দেশে;
মনের মাধুরী মিশিয়ে কবিতা লিখবো;
নাইবা হলাম সে দেশের রাজা,
হবো এক সাধারণ প্রজা
তবু শব্দ বুনেই যাবো।

স্বপ্নের ভেলা

স্বপ্নের ভেলায় পাড়ি দেবো সাহিত্যের সমুদ্রে,
কল্পনার ভেলায় গহিন আবেগে ভেসে
পৌঁছে যাবো কবিতার রাজপ্রাসাদে;
নাইবা হতে পারলাম সেই রাজপ্রাসাদের রাজা,
হবো এক নগণ্য প্রজা ।
ফুল তো অনেক ফুটে, সব ফুল কি বিখ্যাত হয়?
পথের ধারে, অরণ্যে, পাহাড়ে, পর্বতে, পুকুরে
নাম না জানা কতই না ফুল ফোটে!
সবাই কি তাদের নাম জানে?
সেই ফুলগুলোর মতো না হয় হলাম আমি অজ্ঞাত কোনো কবি;
পৃথিবীতে অনেক পথ আছে;
সব পথ কি রাজপথ বা কংক্রিটের হয়? না হয় হলাম আমি
গ্রামের কোনো মেঠো পথ;
হলাম বা মরুভূমির কোনো মরু পথ।

সব নদী তো হয় না প্রধান নদী,
আমি না হয় হলাম কোনো অজ্ঞাত শাখা বা উপনদী।
নাই বা হলাম চাঁদের আলো,
হলাম কোনো জোনাকির আলো।
সাগরের বুকে ভেসে চলা কোনো জাহাজ নাই হলাম,
দীঘিতে ভেসে চলা কোনো ডিঙি-নৌক হলাম।

আসল শিক্ষক

মনের ক্যানভাসে কল্পনা স্বপ্ন আঁকছে;
হৃদয়ের ক্যানভাসে জীবন আঁকছে ঠোকা-
নৈরাশ্য, ব্যর্থতা, দুঃখ-দুর্দশা;
উপলব্ধি মনের ব্ল্যাকবোর্ডে শেখাচ্ছে প্রকৃত শিক্ষক কে।
অভিজ্ঞতারা মনের আঙিনায় আল্পনা আঁকছে,
চলছে যেন প্রতিযোগিতা,
বিশ্লেষণ বিচারক হয়ে নির্ণয় করছে জীবন না
প্রতিষ্ঠানের শিক্ষা, জীবন সিদ্ধান্ত নিল সে।

জীবনই হলো আসল শিক্ষক,
পিতা - মাতার মতো হাঁটতে শেখায়,
শিশুর মতো হোঁচট খেয়ে খেয়ে মানুষ হাঁটতে শিখে,
জীবন-পর্বতের শিখরে চড়তে গিয়ে আসে প্রতিবন্ধক,
পড়ে যাওয়ার ভয় চোখ রাঙানি দেখায়;
সৌন্দর্য, অদম্য ইচ্ছা হাতছানি দিয়ে ডাকে।